ExLibris

Alle Informationen und Rezepte in diesem Buch wurden sorgfältig geprüft. Dennoch können weder die Autorin noch der Verlag für eventuell entstehende Schäden haften.

5 4 3 2 1

ISBN 3-8157-2088-5

Printed in Italy

Jessika Biesemann

DAS KLEINE BUCH VOM GUTEN SCHLAF

Unterhaltsames & Wissenswertes
rund ums Schlafen, Träumen
und Entspannen

Illustriert von
Anke Dammann

COPPENRATH

INHALT

75
74

Verschlafe die Hälfte deines Lebens,
dann erlebst du die andere Hälfte doppelt.

Chinesisches Sprichwort

VORWORT

Der Tag neigt sich dem Ende entgegen. Das Bett ruft – den einen früher, den anderen später. Und jeder hat den gleichen Wunsch: zu schlafen wie ein Murmeltier. Befriedigend für einen selbst, beneidet von anderen, wenn dies auf Anhieb gelingt. Aber wer kennt nicht auch die Situation, trotz Einhaltung aller gebräuchlichen Rituale vom richtigen Liegen, Entspannen, schönen Gedanken bis hin zum Schäfchenzählen: Der ersehnte Schlaf stellt sich nicht ein.
Immer mehr Erwachsene, aber auch Kinder klagen über Schlafstörungen. Unsere innere Uhr gerät zusehends aus dem Takt. Elektrisches Licht, Schichtarbeit, Discos, Kino, Fernsehen, Computer, Terminhetze und fehlende Ruhephasen führen dazu, dass wir immer mehr zu einer schlaflosen bzw. schlafgestörten Gesellschaft werden. Von durchschnittlich neun Stunden Schlaf sind in unserer Leistungsgesellschaft nur ca. siebeneinhalb Stunden übrig geblieben. Langschläfer gelten als Faulenzer, Vielschläfer verpassen angeblich den besten Teil ihres Lebens und wer ein Mittagsschläfchen liebt, gilt als Schlafmütze. Schick ist es, rund um die Uhr leistungsbereit zu sein.

Wer die Nacht zum Tage macht, muss allerdings mit erheblichen Gesundheitsproblemen rechnen. Denn Schlaf ist lebensnotwendig. Von ihm hängt unsere Leistungsfähigkeit wie auch unsere seelische und körperliche Gesundheit ab. Mit einfachen Mitteln kann man sich selbst die besten Bedingungen für einen gesunden Schlaf schaffen. Dieses Buch soll Sie einführen in das Geheimnis, was mit Ihnen im Schlaf geschieht, wie Sie träumen, und es soll Ihnen dabei behilflich sein, besser einschlafen und entspannen zu können. Erprobte, bewährte Hausmittel und Entspannungsübungen tragen ebenso dazu bei wie z.B. das richtige Ambiente ihres Schlafzimmers.
Schlaf, Traum, Mond und Sterne haben die Fantasie der Menschen seit ewigen Zeiten beflügelt und sind in der Literatur zu zentralen Motiven geworden. Geschichten, Gedichte, Aphorismen, Redensarten und Sprichwörter, teils stimmungsvoll, teils heiter, teils spannend, teils schaurig, aber immer unterhaltsam, spiegeln die Vielschichtigkeit des Themas wider und sollen es Ihnen leichter machen, Abstand von den Alltagssorgen und -gedanken zu finden.
Wer einen gesunden Schlaf hat, durchlebt tiefe Traumphasen, von denen man morgens jedoch nur selten noch etwas weiß. Aber wer ist nicht schon schweißgebadet aus einem Alptraum erwacht, wer hat sich nicht schon manchmal am helllichten Tag lächelnd an einen schönen Traum erinnert? Das Traumtagebuch am Ende dieses Buches soll Ihnen als kleine Gedächtnisstütze helfen, damit das, was sich nachts in Ihrem Kopf abspielt und Ihnen vielleicht etwas über verborgene Wünsche, Ängste und Sehnsüchte verrät, nicht in Vergessenheit gerät.

Lob des Einschlafens

Erich Kästner

Man gähnt vergnügt und löscht die Lampe aus.
Nur auf der Straße ist noch etwas Licht.
Man legt sich nieder. Doch man schläft noch nicht.
Der Herr von nebenan kommt erst nach Haus.
Man hört, wie er mit einer Dame spricht.

Nun klappt man seine Augendeckel zu,
und vor den Augen tanzen tausend Ringe.
Man denkt noch rasch an Geld und solche Dinge.
Im Nebenzimmer knarrt ein kleiner Schuh.
Wenn doch die Dame in Pantoffeln ginge!

Man legt den Kopf auf lauter kühle Kissen
und lächelt in den dunklen Raum hinein.
Wie schön das ist: Am Abend müde sein
und schlafen dürfen und von gar nichts wissen!
Und alle Sorgen sind wie Zwerge klein.

Der Herr von nebenan ist froh und munter.
Es klingt, als ob er ohne Anlaß lacht.
Man hebt die Lider schwer und senkt sie sacht,
und schließt die Augen – und die Welt geht unter!
Dann sagt man sich persönlich Gute Nacht.

Wenn bloß der Schwarze dieses Mal nicht käme!
Er steigt ins Bett und macht sich darin breit
und geht erst wieder, wenn man furchtbar schreit.
Man wünscht sich Träume, aber angenehme,
und für Gespenster hat man keine Zeit.

Man war einmal ein Kind, ist das auch wahr?
Und sagte mühelos: „Mein Herz ist rein."
Das würde heute nicht mehr möglich sein.
Es geht auch so, auf eigene Gefahr.
Man zählt bis dreiundsiebzig. Und schläft ein.

Der Schlaf ist doch die köstlichste Erfindung.

Heinrich Heine

WAS GESCHIEHT IM SCHLAF?

Der Schlaf ist ein Urbedürfnis des Menschen. Ungefähr 25 Jahre, also immerhin ca. ein Drittel unseres Lebens, verschlafen wir. Lange Zeit war durch die Wissenschaft nicht erforscht, was im Schlaf genau geschieht. Erst im Jahre 1924 kam man dem Geheimnis auf die Spur. Der deutsche Arzt Hans Berger entdeckte, dass man mit Hilfe eines Elektroenzephalogramms (kurz: EEG) die elektrischen Ströme im Gehirn beobachten kann.

Heutzutage werden Patienten in speziellen Schlaflabors überwacht und ihre Gehirnströme während des Schlafens aufgezeichnet. So haben Schlafforscher verschiedene Arten Schlaf erkannt. Zu den bestimmenden Merkmalen des Schlafs gehört, nicht zu wissen, dass wir schlafen, während wir es tun.

Jeden Abend, wenn die Sonne untergeht, befiehlt ein kleiner Kern im Gehirn, die Zirbeldrüse, Melatonin zu verteilen. Das Hormon Melatonin ist sozusagen ein körpereigenes Schlafmittel.

Der allmähliche Übergang in den Schlaf beginnt und unser Körper wird immer träger, auch wenn wir uns dagegen auflehnen wollten. Das Wort

Schlaf kommt von „Schlaffsein": Der Schlafende erschlafft.
Nach leichtem und mitteltiefem Schlaf fallen wir in den Tiefschlaf. Die Gehirnströme verändern sich. Erst fließen sie schnell, dann werden sie immer langsamer.
Schlafforscher vermuten, dass im Tiefschlaf das Gehirn mit Nährstoffen aufgeladen wird. Die ersten dreieinhalb Stunden sind der wahre Schönheitsschlaf, egal ob vor oder nach Mitternacht. Kurz nach dem Tiefschlaf beginnt eine ziemlich spannende Phase. Unter den geschlossenen Lidern bewegen sich die Augen schnell hin und her, und das Gehirn läuft auf Hochtouren. Dieser Zustand heißt REM-Schlaf. REM ist die Abkürzung für „Rapid Eye Movement" – also schnelle Augenbewegung. Im REM-Schlaf schafft das Gedächtnis Ordnung im Gehirn. Wichtige Informationen speichert es im Langzeitgedächtnis, unwichtige Informationen vergisst es einfach.
Die REM-Schlafphase ist gleichzeitig die Phase, in der wir am meisten träumen – in der uns Morpheus, der Gott der Träume, in seine Arme nimmt. Dann reimt sich unser Gehirn aus realen Erlebnissen und der Fantasie die tollsten Geschichten zusammen. Wohl dem, der wunderschöne Geschehnisse durchlebt und sich nicht mit einem Alptraum herumplagen muss.
Die Berg- und Talfahrt zwischen den verschiedenen Schlafstufen setzt sich bis zum nächsten Morgen fort. Dabei werden die REM-Phasen immer länger, der

Schlaf wird unruhiger und wir wälzen uns häufiger von einer Seite auf die andere. Die Tiefschlafphasen sind beendet und nach etwa acht bis zehn Stunden erwachen wir „mehr oder weniger fit" für den nächsten Tag.

Wenn gefragt wird, was Schlaf ist, bringen es die meisten auf den einfachen Punkt: „Wenn wir schlafen, sind wir nicht wach." Viele Kulturen betrachten den Schlaf als den „kleinen Bruder des Todes". Dies beruht auf der wissenschaftlich als falsch erwiesenen Vorstellung, dass man im Schlaf völlig passiv wird und das Bewusstsein verliert. Ängstliche Menschen leiden deshalb sogar unter Schlafstörungen, weil sie nicht in diesen vermeintlich todesähnlichen Zustand sinken wollen.

Aus der griechischen Mythologie kennen wir Hypnos als Gott des Schlafs, den Sohn der Nacht, den Zwillingsbruder des Todes (Thanatos). Auf griechischen Vasen wird er als geflügelter Jüngling dargestellt, mit einem Füllhorn, aus dem er den Schlaf gießt. Morpheus ist sein Sohn, der Gott der Träume. Er erscheint den Schlafenden nachts in menschlicher Gestalt.

Wenn wir sagen, wir haben geschlafen wie ein Toter, wollen wir betonen, wie tief und fest wir geschlafen haben. Andere Völker wiederum sind davon überzeugt, die Seele verlasse beim Schlafen den Körper und kehre am Morgen wieder in ihn zurück.

Tag – Nacht
Jürgen Spohn

Und wieder ist eine
Nacht Nacht
nachdem ein Tag Tag
war
bevor ein Tag Tag
wird
und wieder ist ein
Tag Tag
nachdem eine
Nacht Nacht war
bevor eine
Nacht Nacht
wird.

Gib Ruh, so ruhst du wieder.

Angelus Silesius

Warum kann ich manchmal nicht einschlafen?

Judith Halverscheid

Weiß irgendjemand eigentlich, wie man einschläft? Ich meine, wie genau das passiert oder was man dafür tun muss? Man legt sich hin und ... ja, was und? Einschlafen ist eine unheimliche Sache. Denn je mehr man sich bemüht, umso weniger klappt es. Und je weniger man sich bemüht, umso schneller geht es. Manchmal liege ich da und kann nicht einschlafen. Und weil ich das mit dem Bemühen weiß, liege ich da und bemühe mich sehr mich nicht zu bemühen einzuschlafen. Ich glaube, es liegt in solchen Nächten daran, dass ich dann nicht aufhören kann zu denken. Ich denke darüber nach, wie der Tag war und wie der Tag morgen sein wird. Mir fällt ein, dass ich einem Freund endlich mal schreiben müsste und dann schreibe ich in Gedanken den Brief. Ich denke an meine Oma und daran, dass ich unbedingt morgen saugen muss, und mir fällt ein, dass das Telefon nicht in der Basisstation ist. Der Akku wird morgen leer sein. Na, was soll's, dann hänge ich es eben morgen früh ein. Aber dann ist der Aku den ganzen Tag halb leer. Nachdem ich zehn Minuten über den Akku nachgedacht habe, stehe ich schließlich auf und hänge das Telefon in die blöde Basisstation, damit der blöde Akku aufladen kann. So, prima, jetzt bin ich richtig wach. Ich lege mich wieder hin und überlege, ob ich jetzt, da ich sowieso ganz wach bin, in die Küche gehen soll und mir eine heiße Milch mit Honig mache. Das soll beim Einschlafen helfen. Andererseits könnte ich in der Zeit, in der ich die Milch koche, vielleicht schon eingeschlafen sein, wenn ich im Bett geblieben wäre. Hm. Die Zeit, die ich wach im Bett verbringe, könnte ich eigentlich auch nutzen um den Brief zu schreiben, den ich ja schon im Kopf habe. Ich beschließe einen Kompromiss zu machen und im Bett zu bleiben, aber das Licht anzumachen und zu lesen. Stefan schläft. Das finde ich nicht fair. Wieso kann er schlafen, wenn ich nicht schlafen kann. Er schläft schon seit anderthalb Stunden, so lange, wie ich mich bemühe mich nicht zu bemühen einzuschlafen. Ich kann ihn nie mehr einholen. Selbst wenn ich jetzt sofort einschlafen würde, wäre er mir immer anderthalb Stunden voraus. Ich weiß nicht, was ich lesen soll. Etwas, das beim Einschlafen hilft. Die Fernsehzeitung? Fernsehen wäre auch gut. Aber der Fernseher ist im Wohnzimmer und ich müsste aufstehen. Es gibt Menschen, die schreiben, wenn sie nicht schlafen können, in einer Nacht einen Bestseller, oder sie kochen ein grandioses Essen. Vielleicht sollte ich das auch probieren. Aber ich bin müde. Wenn man müde ist, müsste man doch eigentlich schlafen können, oder?

Ich mache das Licht aus und versuche es noch mal. Ich liege da und denke – nein, nichts denken jetzt, sonst fängt das alles wieder von vorne an. Ich denke also: Nichts denken, nichts denken ... und dann vergesse ich, dass ich nichts denken soll und denke doch. Ich denke daran, wie ungesund es ist, wenn man zu wenig schläft. Ich rechne mir aus, wie viel Stunden ich noch schlafen kann. Im Prinzip kann ich es eigentlich schon lassen. Es lohnt sich nicht mehr. Ich versuche an etwas Schönes zu denken. Aber mir fällt nichts ein. Alles was mir einfällt, sind Omas und Fernseher, Briefe und Paula, die im Flur schnarcht. Ich denke an den amerikanischen Präsidenten, ob der immer einschlafen kann. Ob eigentlich alle jetzt schlafen außer mir. Ob ich vielleicht die Einzige in Deutschland bin, die wach ist. Vielleicht ist ein großer Dornröschenschlaf über alle gekommen und nur ich bin immun! Was ich dann alles heute Nacht tun könnte! Ich könnte nackt in Springbrunnen schwimmen und plötzlich sind da große blaue Fische und die schwimmen mit mir ins Meer. Mitten auf dem Meeresboden steht die Basisstation von unserem Telefon und weil ich es nicht eingehängt habe, muss ich einen Brief an meine Oma schreiben. Auf einer riesigen Schreibmaschine, auf der ich von Taste zu Taste hüpfen muss. Dann klingelt auch bald der Wecker und es ist schon morgen. Und wieso kann ich morgens, nachdem der Wecker geklingelt hat, immer am allerbesten einschlafen?

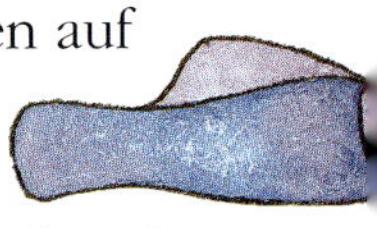

Süßer Schlaf, du kommst wie reines Glück, ungebeten, unerfleht am willigsten!

J. W. von Goethe, Egmont

WAS IST EIGENTLICH SCHLAF?

Die moderne Schlafforschung hat gezeigt, dass der Schlaf ein aktiver Zustand ist, den das Gehirn aktiv herstellen muss. Im Schlaf setzt das Gehirn neue Hormonkombinationen frei. Im ganzen Körper werden so zellulare Aktivitäten angeregt.
Im Wesentlichen unterscheiden zwei Merkmale Schlaf von anderen schlafähnlichen Zuständen, wie z.B. Narkose, Hypnose oder Koma. Im Schlaf errichten wir sozusagen eine Sperre zwischen Bewusstsein und Außenwelt. Dass wir die Augenlider beim Schlafen schließen, erleichtert das Schlafen nur. Erstaunlicherweise wäre Schlaf auch ohne das Vorhandensein von Augenlidern möglich.
Auch wenn wir noch so tief schlafen, gibt es doch genug Methoden, von liebevoll bis brutal, um uns wieder aufzuwecken (Reversibilität). Aus der Narkose oder aus dem Koma ist dies nicht möglich.

WARUM SCHLAFEN WIR?

Einige Schlaftheorien besagen, dass die Erhaltung der körperlichen und geistigen Leistungsfähigkeit die Hauptaufgabe des Schlafs ist. Während des Non-REM-Schlafs findet die körperliche Erholung statt und im REM-Schlaf die geistige. Man geht davon aus, dass der REM-Schlaf dafür zuständig ist, tagsüber aufgenommene Informationen zu verarbeiten und im Gedächtnis zu speichern. Untersuchungen bei Neugeborenen haben gezeigt, dass der REM-Anteil die Hälfte ihres Gesamtschlafes ausmacht. Dieses Phänomen weist darauf hin, dass der REM-Schlaf für die geistige Entwicklung sehr entscheidend ist, denn das Gehirn der Neugeborenen wird täglich mit körpereigenen und äußeren Informationen geradezu überflutet, die es zu speichern gilt. Weit verbreitet ist die Auffassung, Ziel des Schlafes sei es, dem Körper regelmäßig Ruhe zu gönnen. Doch dem widerspricht, dass manche Muskeln pausenlos tätig sind, ohne je ausruhen zu können: Das Herz und auch das Zwerchfell müssen ohne Unterbrechung arbeiten, vom Gehirn ganz zu schweigen.
Ein guter Schlaf bringt Körper und Geist in ein harmonisches Verhältnis. Wenn wir zu wenig schlafen, spielt der Körper verrückt und schüttet das Stresshormon Cortisol auch abends aus, wenn seine Menge im Blut niedrig sein sollte. Unser Biorhythmus gerät außer Kontrolle.

Bei den meisten Menschen ist die Ruhe nichts als Erstarrung und die Bewegung Raserei.

Epikur

Sturm und Abendwind

Sibylle Mews

Den ganzen Tag hatte der Sturm um das Haus getobt. Nun hatte er das Verlangen, sich auszuruhen. Dazu wollte er sich in den alten Apfelbaum legen, der im Garten stand. Aber in den Ästen des Apfelbaums wiegte sich bereits der Abendwind.

„Rück ein wenig zur Seite", sagte der Sturm, „ich muss mich ausruhen!"

„So, so, ausruhen möchtest du dich?", erwiderte der Abendwind. „Ich glaube gern, dass du müde bist. Warum tobst du auch so unvernünftig herum?"

„Ich tobe doch nicht", behauptete der Sturm, „ich habe heute nur zwei Bäume entwurzelt, einigen Leuten die Hüte vom Kopf gerissen, ein Fenster zersplittert und Zeitungen durch die Luft gewirbelt. Wenn ich tobe, dann geschehen noch ganz andere Dinge."

„Na, so was", antwortete der Abendwind voll Abscheu. „Willst du wissen, was ich heute getan habe?"

„Das wird schon was Rechtes gewesen sein", lachte der Sturm verächtlich.

„Hör zu", sagte der Abendwind, „ich habe ein Kissen aufgeschüttelt, einem Kranken Luft zugefächelt, eine heiße Stirn gekühlt und ein Kind in den Schlaf gesungen."
„Ach", spottete der Sturm, „was ist das schon! Kraft muss man zeigen, Stärke, jawohl!"
„Nein", widersprach der Abendwind, „das muss man nicht! Schöner ist es,wenn man jemandem eine Freude macht, anstatt ihn zu ängstigen oder ihm einen Schrecken einzujagen. Troll dich gefälligst und wecke meine Schläfer nicht auf."
Da sauste der Sturm davon, mürrisch und böse. Der Abendwind aber wiegte sich in den Zweigen des Apfelbaums und begann leise vor sich hin zu summen.

Hat einer nur ein halbstündiges Mittagsschläfchen gehalten, so richtet er, wenn er wach wird, den Kopf auf und fragt: „Was gibt's Neues?"

Henry David Thoreau

WARUM ÄNDERT SICH DAS SCHLAFBEDÜRFNIS IM ALTER?

Nicht nur unser Körper und unser Geist verändern sich im Laufe der Jahre, auch unser Schlafbedürfnis ist in den einzelnen Lebensabschnitten verschieden. Je nach Alter ändern sich die Schlafmenge, die Schlafenszeit, die Einstellung zum Schlaf, unsere Schlafgewohnheiten und das Verhältnis von REM-Schlaf zu Non-REM-Schlaf.

Babys schlafen in der Nacht mit Unterbrechungen ungefähr acht Stunden und machen am Tag drei- bis viermal ein kurzes Schläfchen. In einem Zeitraum von 24 Stunden schlafen sie also ungefähr 16 bis 20 Stunden. Man ist versucht zu sagen: „Also schlafen Babys ja fast nur." Die Eltern von Neugeborenen hingegen verlieren erfahrungsgemäß zwei Stunden Schlaf pro Nacht, bis das Baby ungefähr fünf Monate alt ist. Bis zum Alter von zwei Jahren verringert sich die Nacht nur noch um eine Stunde. Die meisten Babys wachen in der Nacht zu sehr unterschiedlichen Zeiten auf, sodass die Eltern keinen Schlafrhythmus

finden können. Sie verlieren im ersten Jahr ihres Elterndaseins zusammen schätzungsweise 350 Stunden Schlaf! Und trotzdem, was zählt das im Verhältnis zu dem Glück des Elternseins ...
Im Laufe der ersten Monate ändert sich das Schlafverhalten der Babys. Die Schlafphasen in der Nacht werden immer länger und morgens und nachmittags genügt ein Kurzschlaf. Wann Säuglinge gut durchschlafen, ist sehr unterschiedlich – einige schaffen es sofort, andere erst im Verlauf eines längeren Zeitraumes. Ist ein gleichmäßiges Schlafmuster erkennbar, sollten die Eltern dieses unterstützen, indem sie das Kinderzimmer nachts abdunkeln und morgens wieder für Tageslicht sorgen.
In den ersten Jahren der *Kindheit* sind Schlafprobleme eher die Regel als die Ausnahme. Die meisten Kinder gehen nicht gern ins Bett und sind im Erfinden von Ausreden unerschöpflich. Endlich im Bett und in den Schlaf gekommen, wachen sie mitten in der Nacht auf, haben Angst, Hunger oder Durst oder wollen nach Alpträumen getröstet werden. Für gewöhnlich verschwinden diese Probleme wie von selbst. Im Alter zwischen sieben und zwölf Jahren schlafen Kinder am besten.
Jugendliche brauchen eigentlich ebenso viel Schlaf wie Kinder, nämlich ungefähr zehn Stunden. Doch die meisten leiden heutzutage unter Schlafmangel. Sie geraten in einen Zwiespalt, denn einerseits müssen sie morgens früh zur Schule, andererseits

möchten sie abends schon einiges unternehmen. Eine Kurzschlafpause mittags nach der Schule kann dieses Schlafdilemma ausgleichen.
In den *mittleren Jahren*, so im vierten und fünften Lebensjahrzehnt, beginnt der Schlaf leichter und bruchstückhafter zu werden. Das Einschlafen und Durchschlafen wird schwieriger und die nächtlichen Wachphasen dauern länger. Fortschreitende Untersuchungen haben gezeigt, dass wir im Alter nach und nach etwas weniger Schlaf brauchen als zu Beginn des Erwachsenseins. Der Schlafbedarf geht ungefähr um 30 bis 60 Minuten zurück.
Im *höheren Alter* neigt der Mensch dazu, wieder zum Frühaufsteher zu werden. Er schläft früher ein und steht auch früher auf. Man spricht von „seniler Bettflucht". Ausgerechnet dann, wenn man endlich Zeit zum Ausschlafen hätte, gelingt es meist nicht mehr. Der jetzt von Schlafstörungen Geplagte sollte sich fragen, ob sein Tageslauf noch abwechslungsreich genug ist. Hochleistungssport muss nun nicht mehr sein, aber möglichst viel Bewegung an frischer Luft, das Pflegen von sozialen Kontakten oder anregenden Tätigkeiten wirken sich positiv auf den Schlaf aus.
Ein *Mittagsschläfchen* ist keinesfalls nur etwas für Kinder, Kranke und Senioren. Nach einem kurzen Nickerchen sind wir wieder viel aufnahmebereiter und belastbarer. Denn gerade um die Mittagszeit verlangt unser Geist und unser Körper mehr nach

Schlaf als zu irgendeiner anderen Tageszeit. Allerdings geht es hier nicht um einen gemütlichen langen Nachmittagschlaf, aus dem man oft „eher gerädert als erfrischt" nur schwer wieder in den Tag hineinfindet. Versuchen Sie den so genannten „Kurzschlaf" zu trainieren. Dabei programmieren Sie sich innerlich auf 10 Minuten ganz kurzen und intensiven Schlafs, „auf Knopfdruck" sozusagen. Während des Kurzschlafs geht man einmal durch sämtliche Schlafphasen hindurch und fühlt sich anschließend wieder hellwach, ausgeruht und leistungsfähig. Amerikaner und Japaner nehmen auf diese Bedürfnisse Rücksicht. So sind in vielen ihrer Unternehmen Schlafsäle bereits eine Selbstverständlichkeit. Vor kurzem wurde auch in Berlin das erste sogenannte „Dormitorium" eröffnet (frz. dormir = schlafen).

Zum Einschlafen zu sagen

Rainer Maria Rilke

Ich möchte jemanden einsingen,
bei jemandem sitzen und sein.
Ich möchte dich wiegen und kleinsingen
und begleiten schlafaus und schlafein.
Ich möchte der Einzige sein im Haus,
der wüsste: die Nacht war kalt.
Und möchte horchen herein und hinaus
in dich, in die Welt, in den Wald.
Die Uhren rufen sich schlagend an,
und man sieht der Zeit auf den Grund.
Und unten geht noch ein fremder Mann
und stört einen fremden Hund.
Dahinter wird Stille. Ich habe groß
die Augen auf dich gelegt;
und sie halten dich sanft und lassen dich los,
wenn ein Ding sich im Dunkel bewegt.

Schläfest du in Gottes Hut,
schläfst du sicher, schläfst du gut.

Sprichwort

EINSCHLAF-IDEEN FÜR UNSERE KLEINEN

Was tun, wenn sich alle Abende wieder das Zubettgehen der Kinder zum Familienalptraum entwickelt? Nachfolgend einige familienerprobte Rezepte!

Betthüpferl-Spiel
Große Kinderzimmer, lange Flure oder die ganze Wohnung werden zur Kulisse, die Kinder dürfen sich vor dem Schlafen erst einmal richtig austoben. Je eine Minute: Erst kriechen wie eine Schlange, dann robben wie ein Seehund, hüpfen wie ein Frosch, watscheln wie eine Ente, flattern wie ein Vogel, trampeln wie ein Elefant, brüllen wie ein Löwe – und dann mit einem gewaltigen Tigersprung ins Bett hinein! Dort geht's schön zugedeckt weiter mit Atmen wie ein Walfisch: je 10-mal tief durch den Mund ein- und durch die Nase ausatmen. Nun atmen wie ein Hase: etwa 20-mal ganz schnell und flach. Nach diesen Übungen wird ein gleichmäßiges, langes ruhiges Atmen zu einem bewussten Genuss. Zum Schluss darf das Kind sich aussuchen, als was es heute einschlafen möchte: Wie ein kleiner Vogel im Nest? Wie ein Murmeltier in seiner Höhle? Wie

ein Kätzchen in seinem Korb? Her mit dem Teddy und gut eingekuschelt!

Geschichten erfinden

Natürlich ist das Vorlesen von Gute-Nacht-Geschichten ein wunderbares Ritual, um Kinder abends zur Ruhe zu bringen und noch einmal eine entspannte, vertraute gemeinsame Eltern-Kind-Atmosphäre zu schaffen. Aber Sie können die Zeremonie auch einmal ändern, indem Sie Ihr Kind zum Selbsterfinden von Geschichten anregen. Denken Sie sich einen Anfang aus: Von dem kleinen Astronauten, der auf einem fremden Planeten landete, von dem kleinen Seeräuber, der einen geheimen Schatz suchte, von der kleinen Prinzessin, die mitten im Wald ... – und lassen Sie Ihr Kind dann ausspinnen, wie es weitergeht. Erzählen Sie im Wechsel – und Sie werden merken, dass sich nicht selten Tagesgeschehnisse in die Fantasien mischen: Das hilft Ihrem Kind Erlebtes zu verarbeiten und sorgt für unbeschwertere, sanftere Träume.
Und wenn Sie davon nicht selbst schon zu müde geworden sind, schreiben Sie diese Geschichten allabendlich direkt anschließend auf. Ein einfaches Notizbuch reicht! So werden Sie viel über Ihr Kind erfahren und ihm mit diesem eigenen Geschichtenbuch später einmal eine wunderbare Erinnerung schenken können.

Hand- und Finger-Fühltheater

Dass Massage wohltuend ist, auch bereits für die Kleinsten, liegt im Wortsinne auf der Hand – die sanfte Berührung bedeutet Nähe und Wärme, vermittelt Liebe und Geborgenheit, vertreibt Unruhe und Verspannungen. Kinder genießen dies umso mehr, wenn wir es ihnen auf eine spielerische Weise nahe bringen und unsere Bewegungen mit Worten begleiten.

So können Sie z.B. Ihrem Kind einen ganzen Tageslauf vorspielen. Beginnen Sie mit flachen, warmen Händen auf seinem Bauch oder Rücken kreisend („Die Sonne geht auf"). Streichen Sie ganz leicht über die Haut („Der Wind weht über die Erde") und fahren Sie so fort: Dicke Wolken ziehen über den Himmel; Ein sanfter Regen fällt; Das kleine Kaninchen hoppelt über die Wiese; Es versteckt sich in einer Höhle (z.B. unter dem Kinn des Kindes); Es kuschelt sich ganz nah an; Der Regen wird stärker, lässt langsam nach; Die Sonne kommt wieder; Das Kaninchen hüpft aus der Höhle; Es lacht und springt (kitzelt das Kind) ... und so weiter, bis es Abend wird, der Mond leise über den Himmel zieht, die Sterne erscheinen und alles schlafen geht.

Schlafe, mein Prinzchen, schlaf ein

M: Bernhard Fliess T: Friedrich Wilhelm Gotter

Mir war, als rief es: „Schlaft nicht mehr! Macbeth,
mordet den Schlaf!" Ihn, den unschuldgen Schlaf;
Schlaf, der des Grams verworrn Gespinst entwirrt,
den Tod von jedem Lebenstag, das Bad
der wunden Müh, den Balsam kranker Seelen,
den zweiten Gang im Gastmahl der Natur,
das nährende Gericht beim Fest des Lebens.

William Shakespeare, Macbeth

WAS STÖRT DEN SCHLAF?

Haben Sie schlecht geschlafen? Diese Frage müssen wir uns anhören, wenn wir mit verquollenen Augen, blassem Gesicht und schlechter Laune herumlaufen. Tatsächlich steht etwa jeder fünfte Erwachsene morgens wie gerädert auf und mindestens jeder zwölfte klagt über Schlafstörungen. Der Schlaf ist ein sehr störanfälliges System. Wenn einer der zahlreichen Schlafprozesse nicht richtig funktioniert, misslingt der erholsame Schlaf. Die Gründe für die Schwierigkeit zu schlafen – die Schlafforscher nennen das „Insomnie" – sind zahlreich. Insomnie ist keine Krankheit, sondern ein Symptom.

Lärm – besonders Flug-, Straßen- und Schienenlärm – wird von jungen und alten Menschen gleichermaßen als sehr störend empfunden. Der Schlaf wird oberflächlicher, unruhiger und von Wachphasen unterbrochen.

Das *Bett* sollte den individuellen Schlafbedürfnissen

angepasst sein. Bett, Lattenrost, Matratze, Bettzeug und Zimmertemperatur haben Auswirkungen auf die Qualität des Schlafs.

Zu viel *Wärme* schadet dem gesunden Schlaf. Die Temperatur im Schlafzimmer sollte 18 °C nicht übersteigen.

Von manchen Zeitgenossen belächelt – aber auch *Magnetfelder, Elektrosmog* und *Wasseradern* werden immer wieder mit Schlafproblemen in Verbindung gebracht.

Vor *Alkohol* als Hausmittel bei Schlafstörungen sei gewarnt. Aufgrund der kurzen Wirkungsdauer, der Suchtgefahr und der erheblichen Nebenwirkungen ist er als Schlafmittel ungeeignet. Schon geringe Mengen wirken sich auf den Schlaf aus. Zunächst fördert er das schnelle Einschlafen, in der ersten Nachthälfte nimmt der Tiefschlaf zu und der REM-Schlaf wird beeinträchtigt. Durch die kurze Wirkungsdauer des Alkohols lässt der beruhigende Einfluss in der zweiten Nachthälfte nach. Am Morgen ist der Schlaf unruhig, der REM-Schlaf nimmt zu und kann mit Alpträumen und Angstzuständen verbunden sein. Nur in Maßen genossen – die Mediziner raten zu einem Glas Wein oder zwei Glas Bier – kann Alkohol schlaffördernd sein.

Bei Einnahme von *Drogen* wird der REM-Schlaf unterdrückt und die Leichtschlafstadien nehmen zu.

Nikotin wird häufig unterschätzt. Einschlafschwierigkeiten und nächtliches Wachliegen sind die Folgen.

Schlafstörungen gehören zu den wichtigsten Entzugserscheinungen, wenn man sich das Rauchen abzugewöhnen versucht.
Auch Kaffee- oder Colagenuss am Abend und am Spätnachmittag kann schlafstörend wirken. Das *Koffein* beeinträchtigt das schnelle Einschlafen und reduziert den Tiefschlaf. Im Gegensatz dazu kann eine Tasse Kaffee alten Menschen auch mitten in der Nacht zum ersehnten Einschlafen verhelfen, durch die kreislaufstabilisierende Wirkung. Teegenuss stört den Schlaf nicht, da die Koffeinkonzentration in schwarzem, grünem und auch Matetee gering ist. Schwarzer Tee sollte allerdings 4 Minuten oder länger gezogen haben, da sich dann beruhigende Substanzen lösen.
Abendliches Schlemmen – und wer liebt es nicht? – beschert den meisten Menschen einen schlechten Schlaf, besonders wenn die Speisen fett, schwer und stark gewürzt sind, da das Verdauungssystem dann nachts schwer arbeiten muss. Hungrig sollten

Sie aber auch nicht ins Bett gehen. Ein knurrender Magen hält wach und ein niedriger Blutzuckerspiegel macht unruhig.
Schichtarbeit geht gegen den biologischen Rhythmus des Körpers. Unsere biologische Uhr steht in der Nachtmitte auf ihrem Tiefstand. Wir sind zerstreuter, unsere Konzentration lässt nach und unsere Reaktionen werden langsamer. Es kann zu Fehlleistungen kommen. Wenn der Schlaf am Tag nachgeholt werden muss, reduziert er sich um etwa zwei Stunden. Dabei sind Helligkeit und Lärm die wichtigsten Störfaktoren. Hinzu kommt, dass die Arbeitszeiten turnusmäßig wechseln. So können Schichtarbeiter ihre innere Uhr nie vollständig umstellen. Wer am Familienleben und überhaupt am sozialen Leben aktiv teilnehmen möchte, muss sich an den arbeitsfreien Wochenenden und im Urlaub dem veränderten Zeitrhythmus anpassen. Diese Umstellung gelingt nicht immer auf Anhieb.

Ähnlich verhält es sich mit dem sogenannten *Jet lag*. Durch Zeitzonenflüge kommt es zu einer Störung unserer zirkadianen (= tagesperiodischen) Rhythmen. Unsere innere Uhr entspricht nicht der äußeren, örtlichen Zeit. Erfahrungsgemäß verkraften wir Flüge Richtung Westen besser, da der biologische Rhythmus verlängert wird. Eine allgemein gültige Strategie, wie man das Jet lag am besten verkraftet, gibt es nicht. Jeder Reisende sollte seinen individuellen Bedürfnissen folgen.

Von *Stress* geplagte Menschen haben Schwierigkeiten mit dem Einschlafen und werden nachts häufig wach. Stresshormone aktivieren das Hirn und halten die Sorgen wach. Oft ist der Blutdruck erhöht, der Stoffwechsel beschleunigt. Letzteres kann auch zu verstärktem Harndrang führen, wodurch häufiges nächtliches Erwachen ausgelöst wird. Schlafforscher haben herausgefunden, dass gesunde Menschen oft freitags, wenn das Wochenende bevorsteht, am entspanntesten schlafen, während der Schlaf sonntags, vor der Rückkehr in einen stressigen Berufsalltag, am schlechtesten ist. Diese Beobachtungen sollten uns darüber zum Nachdenken bringen, was wir an unserem Alltag ändern könnten. Denn der Stress, dem wir uns ausgesetzt fühlen, wird nicht nur von außen an uns herangetragen. Letzlich entscheiden wir selbst darüber, was wir mit unserer Zeit tun. Der Terminhetze und Zeitnot können wir vielleicht durch bessere Arbeitsorganisation, nötigenfalls auch

einen Berufswechsel, und eine geruhsamere Freizeitgestaltung begegnen.
Eine unangenehme Begleiterscheinung des Schlafes ist oft das *Schnarchen* – unangenehm vor allem für den Bettpartner. Während des Schlafens wird der erschlaffte Rachenraum durch das Einatmen und den Luftstrom nach innen gezogen und prallt wieder zurück. So entstehen leise bis sehr laute Atemgeräusche. Das nächtliche Sägen kann durchaus eine Lautstärke bis zu 80 Dezibel erreichen – das entspricht dem Lärmpegel eines Rasenmähers. Im Alter nimmt das Schnarchen zu, bei Männern wie bei Frauen. Gelegentliches Schnarchen ist in der Regel harmlos. Wird es aber von Atemstillständen begleitet, birgt es einen gesundheitlichen Risikofaktor. Es ist keine Maßnahme bekannt, das Schnarchen auf Dauer auszuschließen. Keinesfalls sollte man den Schnarchenden wecken – er wird bei der Rückkehr in den Tiefschlaf wieder damit anheben; so vermehren sich die Schnarchphasen lediglich. Eher ein liebevolles Streicheln oder beruhigendes Brummen wird dem schlafenden Schnarcher dazu verhelfen, schneller tiefer – und dann schnarchfrei – schlafen zu können. Zur größten Not gibt es nur eine verlässliche Lösung: getrennte Schlafzimmer.
Wenn Schlafstörungen durch *Erkrankungen* oder *Medikamente* auftreten, sollte unbedingt Rat beim Arzt gesucht werden.

Um Mitternacht
Johann Wolfgang von Goethe

Um Mitternacht, wenn die Menschen erst schlafen,
dann scheinet uns der Mond,
dann leuchtet uns der Stern;
wir wandeln und singen
und tanzen erst gern.

Um Mitternacht, wenn die Menschen erst schlafen,
auf Wiesen, an den Erlen
wir suchen unsern Raum
und wandeln und singen
und tanzen einen Traum.

Wer nachts auf Schlafwanderschaft geht, bewegt sich keineswegs mit traumwandlerischer Sicherheit. *Schlafwandler* finden sich zwar, obwohl ohne Bewusstsein, in ihrer vertrauten Umgebung zurecht, aber in fremder Umgebung besteht erhöhte Verletzungsgefahr. Fenster und Türen sollten vorsichtshalber geschlossen sein. Ungefähr zwei Prozent der Erwachsenen und fünfzehn Prozent der Kinder sind von diesem Phänomen betroffen. Wahre „Meister" fahren sogar auf ihren nächtlichen Ausflügen Auto, andere begnügen sich damit, eine kleine Runde um das Bett zu laufen. Was sich bei Schlafwandlern im Gehirn abspielt, ist bisher nicht geklärt. Lebhafte Träume tragen keine Schuld, denn mit Hirnstrommessungen konnte gezeigt werden, dass „Nachtschwärmer" nur in traumlosen Schlafphasen unterwegs sind. Achtung: Nicht abrupt aufwecken!
Bei *Vollmond* haben viele Menschen Schlafprobleme. Vor allem Frauen, die auch in ihrem Zyklus häufig mit den Mondphasen konform gehen, klagen dann über Unruhe und Nervosität. Wissenschaftliche Erklärungen für diese weit verbreitete und vielfältig belegte Erscheinung gibt es nicht. Doch allein der Blick zum Himmel in das „Gesicht" des vollen Mondes mag dazu führen, dass man sich selbst unter Druck setzt: Hoffentlich schlafe ich heute schnell ein, hoffentlich träume ich nicht schlecht. Und diese negativen Gedanken können den erholsamen Schlaf dann tatsächlich beeinträchtigen.

Schläft ein Lied in allen Dingen,
die da träumen fort und fort,
und die Welt hebt an zu singen,
triffst du nur das Zauberwort.

Joseph von Eichendorff

HAT MORGENSTUND WIRKLICH GOLD IM MUND?

Morgenmenschen („Lerchen") sind eher Kurzschläfer, Abendmenschen („Eulen") dagegen eher Langschläfer. Ein Morgenmensch ist schnell aktiv und fit, denn seine Körpertemperatur steigt schnell an. Abendmenschen kommen schwer in die Gänge, erweisen sich am Frühstückstisch oder auch noch bis in die Vormittagsstunden hinein als rechte Morgenmuffel, wirken mundfaul und in sich gekehrt, können dann aber bis spät in die Nacht hinein konzentriert arbeiten oder fröhlich feiern.

Ob wir Morgen- oder Abendmenschen werden, ist genetisch vorgegeben. Aus einem ausgeprägten Abendmenschen kann man keinen Morgenmenschen machen. Genauso, sogar eher noch schlimmer, ist es umgekehrt: Morgenmenschen können ihren Schlaf-Wach-Rhythmus kaum variieren. Schon eine oder zwei zu kurze Nächte, etwa an einem Wochenende, können sie völlig aus dem Tritt bringen.

Im Allgemeinen braucht der Mensch etwa acht Stunden Schlaf pro Nacht. Ausnahmen bestätigen natürlich die Regel. Unser Gehirn zwingt uns dazu, genügend Schlaf zu bekommen. Schläfrigkeit müssen wir als erstes Warnzeichen akzeptieren, denn bei Übermüdung kann es zu gravierenden Fehlleistungen kommen. Unsere Reaktionsfähigkeit nimmt ab, wir werden vergesslicher, gereizter und bekommen Schwierigkeiten beim Sprechen. Gerade im Straßenverkehr ist Schlafmangel eine der häufigsten Ursachen für Unfälle.

So wäre es zum Beispiel für Abendmenschen vorteilhaft, flexible Arbeitszeiten zu haben oder freiberuflich tätig zu sein. Für Abend- wie auch für Morgenmenschen gilt, dass sie die anspruchsvollen Arbeiten am besten in die Tageszeit legen, in der sie ihr individuelles Leistungshoch voll ausnutzen können, Routinearbeiten hingegen in die Phasen geringerer Konzentrationsfähigkeit. Doch darf grundsätzlich eines nicht vergessen werden: Keiner sollte sich zum Sklaven seiner Arbeit machen. Zeiten der Arbeitsbelastung und der Entspannung müssen sich die Waage halten, damit der „Lebensmotor" sich nicht allzu schnell abnutzt.

Aber vielleicht gehören Sie ja auch zu den „Schlafkünstlern", die nur kurze Schlafpausen brauchen und sich die verloren gegangene Ruhezeit „in Raten", also z.B. durch ein Mittagsschläfchen, zurückholen können?

Schlaf gut,
nun, da die Tore des Tages geschlossen sind,
heb dir die restlichen Sorgen für morgen auf.
Die Erde schlummert friedlich,
nur die Sterne leuchten hell
und sie werden dir keinen Kummer bereiten.

Max Ehrmann

SAGE MIR, WIE DU SCHLÄFST ...

Auf dem Bauch, lieber auf dem Rücken oder auf der Seite – das sind Fragen nach ganz persönlichen Vorlieben. Aber die sind nicht ohne Aussage über unsere Persönlichkeit und unser Seelenleben. Der bekannte amerikanische Schlafforscher Samuel Dunkell vertritt das Motto: Sage mir, wie du schläfst, und ich sage dir, wer du bist! Denn bevor man in den Tiefschlaf fällt, dreht man sich in die Position, die der Gemütslage am ehesten entspricht.
Wer auf dem Rücken schläft, gilt als angstfrei und selbstsicher. Die Rückenlage ist übrigens die erholsamste Schlafposition, auch wenn sie leider bei vielen Menschen zum Schnarchen führt. Schlafen Sie auf dem Rücken und schon werden Sie tiefer atmen; so versorgen Sie ihren Körper mit lebenswichtigem Sauerstoff.

Bauchschläfer wollen immer alles im Griff haben, gelten als harmoniebedürftig und verwundbar, haben Organisationstalent und sind oft sehr aktiv und erfolgreich im Beruf.
Wer die normale Seitenlage bevorzugt (auch „Sandwich-Position" genannt, weil die Beine und Arme jeweils übereinander liegen), geht ohne besondere Probleme durchs Leben, ist ausgeglichen und aufgeschlossen für seine Umwelt.
Dahingegen deutet die „Flamingo"-Position (Seitenlage mit einem angewinkelten und einem gerade ausgestreckten Bein, dasselbe meist auch bei den Armen) auf unbewältigte Konflikte hin. Solche Schläfer haben oft „zwei Seelen in der Brust" – einerseits sind sie schweigsam und introvertiert, andererseits neigen sie zu plötzlichen Explosionen.
Die seitliche „Embryo"-Lage mit stark angewinkelten Knien und vor dem Körper übereinander geschlagenen Armen wählen besonders scheue, schutzbedürftige und sensible Menschen.
Natürlich muss man bei solchen Verallgemeinerungen bedenken, dass jeder Schläfer seine Lage mehrere Male in der Nacht verändert, meistens vor oder nach dem REM-Schlaf: So verhindern wir unbewusst, dass wir Durchblutungsstörungen an den besonders belasteten Stellen bekommen.

In fließendem Wasser kann man sein eigenes Bild nicht sehen, wohl aber in ruhendem Wasser. Nur wer selber ruhig bleibt, kann zur Ruhestätte all dessen werden, was Ruhe sucht.

Lao Tse

KÖNNEN WIR IM SCHLAF LERNEN?

Altbekannt ist der Trick, abends das Arbeitsbuch unter das Kopfkissen zu legen, in der Hoffnung, dass das Wissen sich über Nacht im Gehirn festsetzt. Bei dem, der ganz fest daran glaubt und vor allem gut gelernt hat, klappt es ja vielleicht auch. Eine Zeitlang war es ganz modern, mittels Tonband- oder Kassettenberieselung im Schlaf eine Fremdsprache erlernen zu wollen – nach dem Motto: Warum die Schlafenszeit vergeuden? Schön wäre es ja, aber mittlerweile hat die Schlafforschung diese Möglichkeit eindeutig widerlegt. Es ist ja bekannt, dass das Gehirn sich im Schlaf gegen äußere Reize abschottet. Und doch lehrt die Erfahrung, dass man sich an die Dinge, die man unmittelbar vor dem Schlafengehen aufgenommen hat, am nächsten Morgen noch besonders klar erinnert. Darum ein Tipp für alle, die auf eine Prüfung oder einen großen Auftritt zugehen: Lesen Sie sich Ihren Lernstoff direkt vor dem Schlafengehen noch einmal laut und deutlich vor. Das Unterbewusstsein speichert die Informationen und „verinnerlicht" so quasi, was Sie lernen müssen.

Es war in einer schönen Nacht

Elisabeth Borchers

Es war in einer schönen Nacht,
da hab ich mir was ausgedacht.

Keinen hat's gestört,
niemand hat's gehört.
Niemand hat's gesehn,
keiner kann's verstehn.

Der Mann

Gina Ruck-Pauquèt

Einmal in der Woche ist Markt bei mir im Viertel. Bauernmarkt. Da kommen sie aus den Dörfern und bringen Obst, Gemüse, Eier und Blumen zum Verkauf. Mittwochs ist das und heute ist Mittwoch. Ich laufe zwischen den Ständen umher, schau mir alles an, schnuppere und horche auf die Gespräche.
„Klar sind die Radieschen biologisch! Keine Spur von Chemie!"
„Der Lauch ist schon wieder teurer geworden."
„Es hat viel geregnet, meine Dame, da wächst ja nichts. Lauch braucht Sonne, nicht wahr?"
Auf einmal ist mir, als tippe mir jemand auf die Schulter. Ich drehe mich um und sehe ihn – den Mann. Er ist mir bekannt, ich kenne ihn von irgendwoher.

Mittelgroß, schlank, die Haare etwas zu lang um bürgerlich zu wirken, schmutzige Turnschuhe, Trenchcoat, ein blaues Tuch um den Hals. Woher kenne ich ihn?
Jetzt wendet er mir sein Gesicht zu. Schmal, blass und diese Augen! Große, graue Augen, die mich ansehen und die mich doch nicht wahrnehmen. Blicke wie Nebel, weich, unbestimmbar.
Der Mann ist mir vertraut. Woher nur? In Gedanken gehe ich die Orte durch, die ich aufzusuchen pflege. Arbeitet er im Supermarkt? Nein, das ist es nicht. Beim Frisör? Steht er hinter dem Bankschalter? An der Kasse etwa?
Ich versuche ihn in die Rahmen der mir bekannten Plätze einzuordnen. Vergebens. Jetzt wendet er mir den Rücken zu. Und plötzlich weiß ich mit absoluter Sicherheit, was er als Nächstes tun wird. Es erschreckt mich. Doch so verrückt es klingt – ich kann seine Handlungen voraussehen. Er wird sich zum Obststand wenden, dahin, wo die kleine, verschrumpelte Frau bedient. Er wird sich eine Birne nehmen und hineinbeißen. Und er wird nicht bezahlen, sondern einfach weitergehen. Ich weiß es.
Der Mann, den ich von irgendwoher kenne, tritt an den Obststand. Er lässt seinen Blick über Äpfel und Tomaten gleiten, dann schaut er prüfend die Birnen an, lange. Als er die Hand ausstreckt, läuft es mir kalt den Rücken hinunter. Woher weiß ich das alles?
Der Mann blickt die kleine, schrumpelige Frau an

und beißt in die Birne. Er nickt leicht mit dem Kopf und geht weiter.
Mir schwindelt. Ich muss versuchen diesen Mann und mich in der Wirklichkeit zu verankern. Kenne ich ihn vom Finanzamt? Ist er bei der Tankstelle, beim Zeitungsstand? Hat er meinen Fernseher repariert? Nein, nein, nein. Und er arbeitet auch nicht in der Reinigung an der Ecke.
Ich gehe hinter ihm her. Er hat die Birne aufgegessen. Mit dem Kerngehäuse. Er steckt die Hände in die Taschen seines Mantels, wie ich es erwartet habe. Er wird nach rechts gehen, zwischen den geparkten

Wagen hindurch. Dann wird die Szene mit dem Hund folgen. Ich merke, dass ich zittere. Mich schaudert's. Wie kann ich wissen, was dieser Mann tun wird? Wie um alles in der Welt?
Er ist nach rechts eingebogen. Der Hund sitzt vor dem Laternenpfahl. Ein stachelhaariger Mischling mit gelben Augen. Der Mann wird sich zu ihm hinabbücken und ihn streicheln. Dann wird er sich neben ihn hinhocken.
Der Mann hat den Hund erreicht. Er streichelt ihn. Und in diesem Augenblick, so plötzlich, wie der Blitz eine Landschaft erhellt, weiß ich, woher ich den Mann kenne: Ich kenne diesen Mann aus einem Traum. Ja, ich habe ihn vorige Nacht geträumt.
Ihn, wie er die Birne nimmt, wie er den Hund streichelt und wie er ...
„Halt!", schreie ich.
Aber da ist es schon zu spät. Der Mann hat sich zu dem Hund hingehockt und es ist passiert. So, als schmelze er in das Tier hinein, ist er verschwunden, hat sich aufgelöst.
Nur der Hund ist noch da. Natürlich wusste ich das vorher. Aber ich wollte, dass es nicht geschieht. Ich bin zu dem Hund hingerannt.
Der schaut mich nicht einmal an. Hebt ein Bein am Laternenpfahl, schüttelt sich und geht.
„He!", rufe ich, „He! Du bist auch mit im Spiel! Wo ist er?" Doch der Hund ist einfach zwischen den parkenden Autos verschwunden.

Die Weihe der Nacht
Friedrich Hebbel

Und von allen Sternen nieder
strömt ein wunderbarer Segen,
dass die müden Kräfte wieder
sich in neuer Frische regen,
und aus seinen Finsternissen
tritt der Herr, so weit er kann,
und die Fäden, die zerrissen,
knüpft er alle wieder an.

ICH GLAUBE, ICH TRÄUME!

Untrennbar mit dem Schlaf verbunden sind die Träume. Jeder gesunde Mensch träumt Nacht für Nacht, denn der Wechsel zwischen Traum- und Tiefschlafphasen gehört zum natürlichen Schlaf-Wach-Rhythmus des Menschen. Ungefähr fünf Traumphasen durchleben wir pro Nacht – viel zu viele, um sich an jeden einzelnen Traum zu erinnern. Während wir träumen, nehmen wir fast jedes Ereignis als real an. Dem denkenden Teil des wachen Gehirns ist bewusst, dass der Traum keine Wirklichkeit ist, aber der emotionale Teil des Gehirns kann ihn nicht einfach vergessen. Die Träume setzen sich nicht aus Wörtern oder Lauten zusammen, sondern aus (meist als farbig erlebten) Bildern. Untersuchungen in Schlaflabors haben gezeigt, dass, während wir träumen, einige Organfunktionen wesentlich aktiver

sind als im Tiefschlaf. So wird während des Träumens z.B. die Atmung beschleunigt, das Herz arbeitet schneller und der Blutdruck erhöht sich. Dadurch verbessert sich die Durchblutung des Gehirns, das ebenfalls aktiver arbeitet – nämlich um die Träume zu produzieren. Auch die Geschlechtsorgane werden beim Träumen stärker durchblutet, was bei Männern zu Erektion führen kann, ohne dass die Träume einen sexuellen Inhalt haben müssen. Unter Umständen kommt es sogar zum Samenerguss, bei Frauen zum Orgasmus. Auffällig ist zudem, dass die Muskulatur des Menschen im Traum viel stärker erschlafft als im Tiefschlaf. Während der Traumphasen kommt es nie zum Schlafwandeln oder Bettnässen, und Epilepsiekranke erleben während der Träume keinen Anfall. Auch im Traum haben wir eine ausdrucksstarke Mimik im Gesicht. Die Palette der Ausdrucksmöglichkeiten reicht – wie im Wachzustand – von Lächeln über Erstaunen bis zu panischer Angst.
Der Traumschlaf ist für die Erholung und Stabilisierung des Seelenlebens notwendig. Im Traum werden psychische Spannungen abgebaut, Konflikte verarbeitet und Möglichkeiten ausgelebt, die im täglichen Leben zu kurz kommen oder nicht erlaubt sind.

Verweile nicht und sei dir selbst ein Traum,
und wie du reisest, danke jedem Raum,
bequeme dich dem Heißen wie dem Kalten,
dir wird die Welt, du wirst ihr nie veralten.

J. W. von Goethe

UND WOVON TRÄUMEN WIR NACHTS?

Sigmund Freud hat den Traum zum Hauptbestandteil seiner tiefenpsychologischen Theorie gemacht. Für ihn sind Träume die Schlüssel zum Unbewussten: seelische Produktionen, die Trieb- und Affektzustände, Wünsche und Ängste einer Person darstellen.
Etwa 50% aller Träume enthalten Auszüge aus Ereignissen des Vortages, so genannte Tagesreste. Man durchlebt dabei erneut ein Problem, das man am Tag noch nicht verarbeitet, sondern erst einmal „weggesteckt" hatte. Dieses Problem wird nun – quasi im Schlaf – bewältigt. Die Verarbeitung von Tagesresten in den Träumen ist immens wichtig für unser seelisches Gleichgewicht. Diese Träume sorgen dafür, dass wir am nächsten Tag den Kopf wieder „frei haben" – für neue Probleme!
Andere Träume wiederum beinhalten längst vergessene, verdrängte Erfahrungen sowie unterdrückte Triebe und sonstige Bedürfnisse, von denen wir im Wachzustand oft nicht die leiseste Ahnung haben. Diese Träume gehören häufig zu den wichtigsten, denn sie geben Aufschluss über unsere persönliche Ent-

wicklung und die augenblicklichen Lebenssituationen. Nicht selten plagen uns *Angst- oder Alpträume* (Alp bedeutet „böser Geist"). Diese Träume stehen meist mit einer realen Situation in Beziehung, die auch im Wachzustand zu Ängsten führt. Leider nimmt man sie dann auch mit in den Schlaf. Zum Beispiel die Angst vor einer Prüfung oder einem Einstellungsgespräch. Bei Alpträumen kann es passieren, dass man schweißgebadet regelrecht aus dem Schlaf aufschreckt. Vieles von dem, was man im Leben begehrt, aus den unterschiedlichsten Gründen aber nicht erhält, taucht in unseren *Wunschträumen* wieder auf. Nicht offen, sondern verschlüsselt. Oft werden unsere Wünsche dann im Traum auf irgendeine Art und Weise erfüllt, was natürlich nur eine Scheinbefriedigung ist. Dennoch wird dadurch die innere Harmonie, die durch Frustration gefährdet war, wieder hergestellt. Das Traumgeschehen selbst ist vor allem dadurch gekennzeichnet, dass alle Gesetze von Vernunft, Raum und Zeit, Logik und Moral, denen wir im Wachzustand folgen, aufgehoben sind. Das bedeutet aber nun nicht, dass es in jeder Traumhandlung unvernünftig, chaotisch oder unmoralisch zugeht. Träume folgen vielmehr ihrer eigenen inneren Logik. Sie ergibt sich aus dem, was durch die Traumarbeit geleistet werden soll. Wenn z.B. in einem Traum ein Wunsch enthalten ist, den man sich im Alltag nicht einzugestehen wagt, weil er vielleicht unmoralisch erscheint, wird dieser „unerlaubte Wunsch" unbewusst so verarbeitet, dass man ihn in verschleierter Form schließlich doch akzeptieren kann. Vielleicht wird im Traum das Objekt unserer Begierde durch ein anderes, „erlaubtes", ersetzt. Oder aber der Wunsch rückt durch Verschiebung in den Hintergrund und wird von beliebigen Nebensächlichkeiten überlagert. Dieser Mechanismus wird *Traumgewissen* genannt. Es ist sozusagen die seelische Kontrollinstanz. Sie steht in enger Verbindung mit der Erziehung und den dabei verinnerlichten Wertvorstellungen der Gesellschaft.

Einige Menschen haben sie, viele kennen sie nicht: *prophetische Träume.* Manchmal gehen diese geträumten Vorahnungen schon nach kurzer Zeit in Erfüllung, manchmal erst viel später. Prophetische Träume entstehen wohl hauptsächlich durch die Tatsache, dass das Unbewusste die Grundtendenzen einer Persönlichkeit, die auch für die langfristige Entwicklung eines Menschen verantwortlich sind, sehr genau kennt. Daher weiß das Unbewusste auch ziemlich genau, was in einigen Jahren sein wird. Nicht vergessen darf man das Prinzip der sich selbst erfüllenden Voraussagen. Durch eine Vorahnung werden wir in unserem Verhalten so beeinflusst, dass wir unbewusst alles tun, damit sie tatsächlich in Erfüllung geht.

Frauen und Männer haben unterschiedliche Träume. Frauen träumen häufiger von sozialen Beziehungen und gleich oft von Männern und Frauen. Männer träumen häufiger von physischer Aggression, von Sex und von anderen Männern.

Über meinen gestrigen Traum

Joachim Ringelnatz

Wie kam ich gerade auf ein Gestirn?
Du sagst: Ich stöhnte träumend ganz laut.
Vielleicht steigt die Phantasie ins Hirn,
wenn der Magen verdaut.

Man sollte kurz vorm Schlafengehen
nichts essen. Auch war ich gestern bezecht.
Doch warum träume ich immer nur schlecht,
nie gut. Das kann ich nicht verstehen.

Ob auf der Seite, ob auf dem Rücken
oder auch auf dem Bauch – –
immer nur Schlimmes. „Alpdrücken."
Aber Name ist Schall und Rauch.

Meist von der Schule und vom Militär – –
als ob ich schuldbeladen wär – –
und wenn ich aufwache, schwitze ich
und manchmal kniee ich, oder sitze ich,
du weißt ja, wie neulich!
Oh, wie greulich.

Warum man das überhaupt weitererzählt?
Hat doch niemand Vergnügen daran,
weil man da frei heraus lügen kann. –
Aber so ein Traum quält.

Gestern hab ich noch anders geträumt:
Da waren etwa hundert Personen.
Die haben die Dachwohnung ausgeräumt,
wo die Buchbinders wohnen.

Dann haben wir auf dem Dachsims getanzt.
Dann hast du mich, sagst du aufgeweckt,
und ich, sagst du, sagte noch träumend erschreckt:
„Ich habe ein Sternschnüppchen gepflanzt."

Ich weiß nur noch: Ich war vom Dach
plötzlich fort und bei dir und wach.
Und du streicheltest mich wie ein Püppchen
und fragtest mich – ach so rührend war das –
fragtest mich immer wieder: „Was
hast du gepflanzt? Ein Sternschnüppchen?"

Mondnacht
Joseph von Eichendorff

Es war, als hätt der Himmel
die Erde still geküsst,
dass sie im Blütenschimmer
von ihm nun träumen müsst.

Die Luft ging durch die Felder,
die Ähren wogten sacht,
es rauschten leis die Wälder,
so sternklar war die Nacht.

Und meine Seele spannte
weit ihre Flügel aus,
flog durch die stillen Lande,
als flöge sie nach Haus.

SIND TRÄUME WIRKLICH NUR SCHÄUME?

Seit Jahrtausenden suchen die Menschen in Träumen nach ihrem Sinn, mit dem Ziel, mehr über sich selbst zu erfahren. Nicht selten wird dieser Wunsch begleitet von der Angst, bei der Traumanalyse mit Einsichten in die eigene Persönlichkeit konfrontiert zu werden, die nicht zum Bild, das man von sich selbst hat, passen.
Schon die alten Ägypter hatten Traumkundige, die die Träume deuteten und ein Traumlexikon

verfassten, in dem die Bedeutungen der Traumsymbole aufgeschlüsselt waren.
Griechen und Römer glaubten zwar, dass Träume zukunftsweisenden Charakter haben, hielten aber nicht alle Prophezeiungen für wahr. Sie trennten zwischen den wahren „Elfenbeinträumen" und den unwahren „Hornträumen".
In der Bibel lesen wir von vielen Prophezeiungen, die den Menschen im Traum offenbart wurden. Jakob war der erste biblische Träumer, mit seinem Traum von der Himmelsleiter und vom Kampf mit dem Engel. Der erste biblische Traumdeuter war sein Sohn Joseph.
In den letzten Jahrhunderten wurden Traumdeutungen von Wahrsagern und Heilkundigen betrieben. Sigmund Freud erweckte ein neues Interesse an der Deutung von Träumen. Als erster westlicher Denker der Moderne legte er eine systematische psychologische Studie des Traums vor. Seine Interpretation, nach der das Träumen das Sicherheitsventil sein soll, das eine Psychose verhindert, gilt mittlerweile in der Schlafforschung als äußerst zweifelhaft. Aber der Glaube, dass Träume einen tieferen Sinn haben, findet zunehmend Verbreitung.

Wenn man aufhört zu träumen,
hört man auf zu leben.

Malcolm S. Forbes

Mit einem Fuß in der Tür

Hans Stempel & Martin Ripkens

Es war einmal eine Frau, die stand morgens um fünf Uhr auf und fing an zu putzen. Sie putzte und putzte und wenn sie abends erschöpft aufs Sofa sank, dann fiel ihr ein, dass sie ja noch das silberne Sonntagsbesteck und die kupfernen Blumenkästen putzen könnte, und sie stand auf und kochte sich einen starken Kaffee und fing mit der ganzen Putzerei wieder von vorne an.
Eines Tages – die Frau polierte gerade das Parkett – ertönte ein sanftes Klingeln. Die Frau wurde wütend und dachte: Schon wieder jemand, der nur den Teppich niedertritt und die Sofakissen zerbeult. Aber dann siegte doch die Neugier und sie öffnete die Tür und sah ein kleines Mädchen mit einem kleinen Koffer, das sagte: Guten Tag, möchten Sie einen Traum? Lächerlich!, sagte die Frau. Einfach lächerlich. Als ob ich Zeit hätte für Träume!
Wütend wollte sie die Tür wieder zuschlagen, aber das Mädchen hatte längst einen Fuß in der Tür und dieser Fuß war zwar zart und klein, doch zugleich fest. Da ließ die Frau das Mädchen einfach stehen

und fing wieder zu putzen an und fiel zuletzt todmüde ins Bett. In dieser Nacht schlief sie schlecht ein und immer, wenn sie die Augen schloss, sah sie das kleine Mädchen vor sich, mit einem Fuß in der Tür. Schließlich stand sie auf und sah nach, aber da war niemand. Doch sobald sie wieder im Bett lag, sah sie wieder dasselbe Bild. Und wieder ging sie zur Tür und wieder war niemand da. So tat sie es sieben Mal und beim letzten Mal machte sie die Tür weit auf und rief in die Nacht hinein: Ja, ich will einen Traum!

Und da schlief sie ein und träumte von einer Frau, die eine Ewigkeit lang einen blinden Spiegel putzt. Das fand sie so albern, dass sie laut lachte, und da war der Spiegel nicht länger blind und die Frau erkannte sich selbst.

Der Abend
Joseph von Eichendorff

Schweigt der Menschen laute Lust:
Rauscht die Erde wie in Träumen
wunderbar mit allen Bäumen,
was dem Herzen kaum bewusst,
alte Zeiten, linde Trauer,
und es schweifen leise Schauer
wetterleuchtend durch die Brust.

WIEDERKEHRENDE TRAUMMOTIVE

Eine Vielzahl von Anthropologen geht davon aus, dass häufig wiederkehrende Traumgeschehen für Menschen desselben Kulturkreises denselben Sinn haben. In der westlichen Welt sind einige Traummotive so verbreitet, dass ihnen eine allgemeine Bedeutung zugeschrieben wird. Dazu gehören:

1. *Fallen und Fliegen und passende Motive* (Flugzeuge, Luftballons, Vögel, Engel, Flügel, besonders hohe Orte, Rausch-, Schwebe- und Schwindelzustände, hohe Geschwindigkeit). Fallträume symbolisieren oft Gefahren auf dem weiteren Lebensweg. Man kann aber auch „aus allen Wolken fallen", also angenehm überrascht oder enttäuscht werden.

Fliegen symbolisiert den Wunsch, sich über den Alltag zu erheben und hohe Ziele zu verwirklichen. Stürzt man ab, wird man dabei scheitern. Helle, lodernde Flammen versprechen meist einen guten Erfolg. Das Motiv, fliegen zu können, spielt nicht nur eine Rolle in den Träumen Einzelner – es war und ist auch ein Menschheitstraum.

2. *Verfolgen und verfolgt werden und passende Motive* (Familie, Doppelgänger, Wettläufe, Verfolgungsfahrten, ein Ziel verfolgen, von einem Gedanken verfolgt werden)
Verfolgung macht häufig auf Verleumdungen aufmerksam, gegen die man sich zur Wehr setzen muss. Vielleicht drängen sich aber auch Schuldgefühle auf, die man verarbeiten wollte. Ist man selber der Verfolger, soll man versuchen ein Unrecht wieder gut zu machen.

3. *Nicht vorankommen, nicht weglaufen können und passende Motive* (Fesselung, Lähmung, Gefangenschaft, Hitze)
Das Nichtbewegenkönnen lässt sich sehen als „in etwas festzustecken", „nicht vorwärts zu kommen". Das ist ein gemeinsames Muster. Es deutet darauf hin, dass man sich möglicherweise im Wachzustand in einer Situation befindet, in der man nicht vorwärts kommt. Die Gefangenschaft kann Einschränkungen und Abhängigkeiten jeglicher Art symbolisieren.

4. *Nacktheit und Scham und passende Motive*
(Peinlichkeiten, Verrat, Enthüllung)
Bei diesem Traummotiv spielt das Sehen und Gesehenwerden und sich selber Sehen eine entscheidende Rolle. Schamgefühle, ob im Traum durchlebt oder in der Realität, betonen im positiven Sinn die Unterschiede zwischen den Menschen. Sie bewahren uns vor Schamlosigkeiten und Unverschämtheiten, die auch zum Geschehen von Nacktheitsträumen gehören können. Träumt man nachts davon, wie man nackt in der Öffentlichkeit herumläuft, steht dahinter meist die Angst, andere könnten einen so sehen, wie man in Wirklichkeit ist.

5. *Sex und Liebe*
Träume von Sex und Liebe können einerseits Ausdruck von entsprechenden Wünschen und Ängsten sein. Andererseits ist es denkbar, dass die Sexualität für etwas ganz anderes steht: z.B. für Kampf, Angst, Wut, Freude, Geburt, Hochzeit und Tod, Ausdruck der tiefen Kontaktaufnahme und der Herausbildung der eigenen Persönlichkeit.

6. *Labyrinth und Chaos und passende Motive*
(Menschenmassen, Dschungel, Irrgarten)
Dies sind Symbole für die Irrungen und Wirrungen des Lebens, die sich dem Glück in den Weg stellen. Sie fordern dazu auf, einen geradlinigen Lebensweg zu beschreiten.

7. *Horror und Alp*
Wer im Wachzustand viele Ängste hat, hat auch mehr Alpträume. Tiefgreifende Verletzungen der Seele, des Körpers und der Würde können in Horror- und Alpträumen immer wieder auftauchen. Sie machen dann, ähnlich wie ein körperlicher Schmerz, auf die Verletzungen aufmerksam und drängen auf Heilung.

8. *Mord und Totschlag*
Diese beiden Traummotive zeigen symbolisch bestimmte Gefahren oder Chancen der seelischen und persönlichen Entwicklung an. Drastische Lebenserfahrungen, die wir entweder schon hinter uns haben oder in Zukunft befürchten, führen dazu, dass wir von Mord und Totschlag träumen. Angestaute Aggressionen können sich so lösen. Umbringen bedeutet so viel wie radikal beenden.

9. *Tod und (Wieder-)Geburt*
Der Tod wird meist mit dem Ende eines Lebensabschnitts verbunden. Eine neue Lebensphase beginnt mit Plänen, Erwartungen und Hoffnungen. Die früheren Erfahrungen sollen mit eingebracht werden. Auch die Geburt steht für einen Neubeginn. Das Symbol wird meist positiv ausgelegt und verspricht also eine Verwirklichung von Zielen.

Was die Brust im Wachen enget,
aber treu verschließt der Mund,
hat der Schlaf das Band gesprenget,
tut es sich in Träumen kund.

Franz Grillparzer

LASSEN SICH TRÄUME BEEINFLUSSEN?

Etwa 20 Prozent aller Menschen kennen das Phänomen der luziden Träume, bei denen man im Traum weiß, dass man gerade träumt. Dadurch entsteht die Möglichkeit, aktiv im Traum zu agieren.
Der schlechte Traum kann unterbrochen und das Aufwachen erzwungen werden.
Nur in einem Punkt sind sich alle Schlafforscher, Psychologen, Neurologen etc. einig: Die Beschäftigung mit den Träumen führt dazu, dass man etwas über sich selbst erfährt. Grundlage einer sinnvollen Traumarbeit ist ein Traumtagebuch, welches am besten immer griffbereit auf dem Nachttisch liegen sollte. Vor dem Einschlafen werden die Erlebnisse des Tages aufgeschrieben, nach dem Aufwachen die in Erinnerung gebliebenen Träume. Oft ergibt sich der Sinn des Traums schon aus einem einfachen Vergleich. Vermeiden Sie, beim Festhalten der Traumerinnerung gleich über den Sinn der Vorgänge nachzudenken und sie deuten zu wollen.

Der Traumbriefträger

Mario Göpfert

Ich schick dir heute einen blauen Traum, als Gruß aus weiter Ferne. Du fragst mich, wie das gehen mag? – Wart's ab, gleich wirst du es erfahren.
Ich drücke kurz auf meinen Nabelknopf und wähle die Nummer 007. Da meldet sich – nein, nicht James Bond – es meldet sich der Traumbriefträger.
Ich sage: „Hören Sie, mein Herr, ich habe einen blauen Traum, ganz in der Mitte honigsamtgelb duftend und an den Rändern rabenfederdunkelviolett. Der soll geschwind von hier nach dort, wenn möglich augenblicklich."
„In Ordnung", sagt der Traumbriefträger, „ich bin schon auf dem Wege." Und wirklich! – kaum, dass ich ans Fenster trete, sehe ich ihn hoch in den Lüften düsen auf seinem Überschallfahrrad. Er ist in eine weiche mondmilchbleiche Regenpelerine eingehüllt und trägt an seinen Füßen Sturmsandalen, die jedem Wetter trotzen. Woher er all das hat? Welch Frage! – Aus meinem Wortbergwerk. Das musst du nämlich wissen, lieber Freund, der Traumbriefträger nimmt nie Geld für seinen Dienst. Schenke ihm dafür ein Stück von deiner Tagesheiterkeit, ein kleines, leuchtendes Gelächter oder auch nur einen kurzen Lächelkicherblick; am besten aber

schenke ihm ein neues Wort aus deinem Wortbergwerk. Das steckt er sich an seinen Hut und dreht sich dreimal links im Kreise. Dann greift er in die Luft, schöpft aus den Wolken feinstes Nebelbütten und faltet ein Kuvert daraus. Dort steckt er deinen Traum hinein, den du mir – hoffe ich – als Gegengabe sendest. Und grüßt noch rasch und ist alsbald verschwunden.
So reist er zwischen uns umher die halbe Nacht und wird nicht müde. Braucht nur ein Nu von Ich nach Du mit seiner spinnwebleichten Fracht.
Nun sage mir, ist es nicht wunderbar, dass es den Traumbriefträger gibt? Was nützten uns sonst all die Träume, wenn keiner sie aus unseren Herzen holte. Ein Schatz wird schließlich erst zum Schatz, wenn man ihn hebt.
Jetzt merk dir eins noch, das ist wichtig! – der Traumbriefträger hat auch einmal seinen freien Tag. Da fährt er Schlittschuh fern auf einem kalten Stern von früh halb acht bis nachmittags um vier. Dann stör ihn bitte nicht und gönne ihm den Frieden. Er hat ihn doch verdient. Nicht wahr?

Am Abend
Theodor Fontane

Sinkt der Tag in Abendgluten,
schwimmt das Tal in Nebelfluten.

Heimlich aus der Himmelsferne
blinken schon die goldnen Sterne.

Flieg zum Nest und schwimm zum Hafen!
Gute Nacht! Die Welt will schlafen!

DAS AMBIENTE DES SCHLAFZIMMERS

Wie schon angemerkt, verbringen wir einen großen Teil unseres Lebens im Schlafzimmer. Deshalb sollte dieser Raum ruhig und gemütlich sein. Da jedoch jeder Schläfer seine individuellen Bedürfnissc hat, kann es in Bezug auf das Schlafambiente keine allgemein gültigen Regeln geben.
Der Tatsache, dass eine große Anzahl der Erwachsenen nicht allein im Raum schläft, wird leider viel zu

wenig Beachtung geschenkt. Günstig für unseren Schlaf-Wach-Rhythmus ist es, das Schlafzimmer nachts abzudunkeln. Aber was, wenn der Partner es etwas heller liebt oder vor dem Einschlafen noch lesen möchte? Hier kann eine Augenbrille nützlich sein, so wie sie auch in Flugzeugen auf Nachtflügen verteilt werden.

Der eine hat das Fenster gern geschlossen, der andere geöffnet. Der eine schläft am liebsten bei Musik ein, der andere nicht. (Und leider sind vielen Menschen Ohrstöpsel unangenehm.)

Soll die Bettdecke dick oder dünn sein, die Matratze hart oder weich? Ohne Zweifel haben die Vorlieben und Neigungen eines Bettgenossen einen erheblichen Einfluss auf den Schlaf des einzelnen.

Wie immer im Leben ist also Kompromissbereitschaft gefragt. In manchen Punkten kann auch jeder seinen eigenen Vorlieben frönen. Da der Gewichtsunterschied zwischen den Partnern meist nicht unerheblich ist, wird dringend zu zwei Matratzen im Doppelbett geraten. Und unter getrennten Zudecken kann sich jeder freier drehen und wenden. Lauter wichtige Voraussetzungen für einen guten, ungestörten Schlaf und um tagsüber munter und fit zu sein.

Der Weise ist voller Licht, doch er blendet niemanden;
er ist treu, doch durch kein Versprechen gebunden.
Sein Schlaf ist traumlos, sein Wachen sorgenlos.

Dschuang Dsi

FENG SHUI IM SCHLAFZIMMER

Feng Shui, die uralte chinesische Wissenschaft von der natürlich-harmonischen Raum- und Lebensgestaltung, findet mittlerweile auch in den westlichen Ländern immer mehr Beachtung. Die Grundbedeutung von Feng Shui ist wörtlich Wind und Wasser. Damit ist im übertragenen Sinn gemeint, dass wir nur von fließenden Energien umgeben sind. Ja, auch wir selbst sind letztlich Energie, die fließt.

Genau wie es positive und negative Energie gibt, gibt es auch gutes und schlechtes Feng Shui. Gutes Feng Shui schafft Harmonie zwischen Mann und Frau, stabilisiert die Gesundheit und zieht Glück und finanzielles Vermögen an. Schlechtes Feng Shui hat Unglück, Krankheit und finanzielle Verluste zur Folge.

Bevor in China ein Haus gebaut oder eine Wohnung eingerichtet wird, befragt man häufig zunächst einen Feng-Shui-Berater, wie man das günstigste Chi (die Energie in der Lehre von der unsichtbaren Lebenskraft und ihren Strömungsgesetzen) auf sich ziehen kann. Feng Shui gibt viele Anregungen, die sich

positiv auf die Wohnsituation auswirken können, aber letztlich hängt es doch von der Einstellung eines jeden ab, ob er diese Lehre für sich nutzen möchte. Entscheidend ist, dass das Chi durch den Raum fließen kann. Wo also hat das Bett im Schlafzimmer seinen besten Platz? Es sollte nicht zu nah an der Tür oder am Fenster stehen. Stellen Sie es an eine Seitenwand, dann nimmt das Chi seinen Weg nicht durch Ihr Bett! Keinesfalls darf das Bett unter einer Dachschräge stehen, denn dort erreicht den Schlafenden nicht genug Chi. In der Wand am Kopfende des Bettes dürfen keine Elektro- oder Wasserleitungen verlaufen. Also: Fernseher oder Halogenlampen aus dem Schlafzimmer verbannen und Radiowecker nicht in Kopfnähe platzieren, denn elektromagnetische Felder stören den Schlaf. Man sollte vermeiden, dass die spitzen Ecken der anderen Schlafzimmermöbel auf den Schläfer zeigen. Bücherregale haben im Schlafzimmer nichts zu suchen, denn sie gelten symbolisch als Messer.
Feng-Shui-Meister warnen auch vor Spiegeln im Schlafzimmer, zumindest wenn sie dort hängen, wo sie das Chi auf den Schlafenden zurückwerfen können. Das hängt mit der mythologischen Vorstellung zusammen, dass die Seele im Schlaf den Körper verlässt und am Morgen wieder in ihn zurückkehrt. Die Seele könnte erschrecken, wenn sie sich plötzlich im Spiegel sieht.

Wählen Sie die Farben Blau und Grün im Schlafzimmer, denn sie wirken beruhigend. Orange, Rosa und Rot wirken anregend auf die Sexualität.
Üppige Vorhänge und Paravents machen jeden Raum behaglich und geben Ihnen das Gefühl von Geborgenheit.
Noch etwas gehört zur Klarheit und Harmonie des Feng Shui – und das ist Ordnung. Daher haben Kleiderhaufen auf den Stühlen, Reihen staubiger Schuhe oder Stapel ungelesener Bücher vor dem Bett und volle Papierkörbe im Schlafzimmer nichts zu suchen. Sie stören das ästhetische Wohlbefinden, aber auch die wirkliche Entspannung, denn sie erinnern uns ständig an etwas, das wir noch tun müss(t)en.

Das beste Mittel gegen Schlaflosigkeit ist viel Schlaf.

W. C. Fields

MAN NEHME BALDRIAN, HOPFEN, KAMILLE ...

Gegen Schlafstörungen sind viele Kräuter gewachsen. Ob als Tee aufgegossen, als Badezusatz verwendet oder in Schlafkissen gefüllt, helfen sie schnell und verlässlich und haben keine unangenehmen Nebenwirkungen.

Die Baldrianwurzel (Radix Valerianae) ist wohl das bekannteste, schon im Altertum bezeugte Beruhigungsmittel aus der Natur und lässt sich äußerlich und innerlich anwenden.

Baldriantee

2 Teelöffel Baldrianwurzel mit ½ l kochendem Wasser überbrühen, 10 Minuten ziehen lassen, abseihen und vor dem Einschlafen trinken. Alle Abendtees dürfen nach Geschmack mit 1 TL Honig gesüßt werden, der auch für sich schon gegen nervösen und unruhigen Schlaf hilft.

Baldriantinktur

20 bis 30 Tropfen Baldriantinktur (aus der Apotheke) mit etwas Wasser verdünnt unmittelbar vor dem Schlafengehen einnehmen.

Baldrianbad

100 g Baldrianwurzeln mit 1 l kochendem Wasser überbrühen, 10 Minuten ziehen lassen, abseihen und einem warmen Vollbad zufügen. Vor dem Schlafengehen 15 Minuten darin baden.
Achtung: Ein zu heißes Vollbad kann Sie im Gegenteil wieder munter machen, weil es den Kreislauf „anheizt".

Hopfentee

1 bis 2 Hopfenzapfen mit ¼ l kochendem Wasser überbrühen, 10 Minuten ziehen lassen, abseihen und eventuell mit Honig süßen.

Melissentee

3 gehäufte Teelöffel Melissenblätter mit ¼ l kochendem Wasser übergießen, 10 Minuten ziehen lassen und dann abseihen.

Kamillentee

2 gehäufte Teelöffel Kamillenblüten mit ¼ l siedendem Wasser übergießen, zugedeckt 10 Minuten lang ziehen lassen und abseihen.

Besonders empfehlenswert für ein schnelles Einschlafen ist ein speziell zusammengestellter

Beruhigungs- und Schlaftee

Dieser Tee ist auch für eine kurmäßige Anwendung zur Stabilisierung der Nerven und zur dauerhaften Schlafförderung geeignet. So wird er bereitet: Je ½l Teelöffel Johanniskraut, Melisse und Enzian mit 1 Tasse kochendem Wasser überbrühen, 10 Minuten ziehen lassen, abseihen, 1 Teelöffel Baldriantinktur zugeben. Oder 100 g Orangenblätter sowie je 20 g Baldrianwurzel und Melisse mischen, 1 Teelöffel pro Tasse überbrühen, 10 Minuten ziehen lassen und abseihen.

Neben solchen Kräutertees ist von alters her warme *Milch* ein bewährtes Hausmittel bei Einschlafproblemen. Wissenschaftlich bewiesen wurde inzwischen, dass sie neben Vitaminen, Mineralsalzen, Eiweiß und Fetten auch eine Aminosäure enthält, die am Aufbau von Serotonin mitwirkt. Diese körpereigene Substanz ist beteiligt an der Regulierung des Schlaf-Wach-Rhythmus. Ein Teelöffel Honig verstärkt die Schlaf fördende Wirkung der Milch noch.

Lecker ist auch eine

Mandelmilch

20 g süße Mandeln in einer Kaffeemühle fein zerreiben, in 1 Glas lauwarme Milch rühren und 1 Stunde vor dem Schlafengehen trinken.

Wenn weder Milch noch Kräutertee ihre Wirkung tun: Manchmal kann schon ein Mangel an *Zink* oder *Magnesium* im Körper verantwortlich für Schlafprobleme sein. Entsprechende homöopathische Mittel gibt es rezeptfrei in jeder Apotheke.

Von unseren Vorfahren genutzt, lange Zeit belächelt und heute wieder geschätzt – das

Schlafkissen

Ob Sie es mit Lavendel- und Kamillenblüten füllen (diese beiden Düfte gelten als die wirksamsten zur Anregung von beruhigendem Seratonin im Gehirn) oder mit einer Kräutermischung aus Johanniskraut, Hopfen, Melisse, Orangen, Lavendel, Kamille, Baldrian und Schafgarbe, bleibt Ihren Geruchsvorlieben überlassen. Die Füllung ist ungefähr vier Wochen wirksam. Nähen Sie gleich mehrere Kissen aus einem besonders schönen Stoff – ein wunderbares Geschenk für liebe Freunde und Verwandte!

Eine schöne Alternative zum Schlafkissen ist ein

Augenkissen

Nähen Sie aus einem kühlen Stoff (Seide oder Taft) ein schmales Kissen von ca. 10 x 20 cm und füllen Sie es (nicht zu stramm) mit Dinkelkörnern. Auch Lavendelblüten oder eine andere Kräutermischung (wie oben) können Sie mit hinein geben. Das Wichtigste ist das angenehme Gewicht des Kissens auf der Augenpartie; es wirkt ungemein entspannend, wie eine kühle Hand. Sie fühlen sich auf der Stelle verwöhnt und können leichter abschalten. Und es hilft gegen Tränensäcke und kleine Ödeme unter den Augen.

Kalte Wadenwickel

wirken nicht nur fiebersenkend, sondern sorgen vor dem Einschlafen für einen tiefen Schlaf.
Zwei Leinentücher in warmes Wasser tauchen, kräftig auswringen und beide Unterschenkel vom Knöchel bis unterhalb des Knies mit je einem der Tücher umwickeln. Darum noch je ein trockenes Baumwolltuch sowie ein Wolltuch schlagen. Nach 20 bis 30 Minuten entfernen. Wem das zu zeitraubend oder zu umständlich ist, der kann sich auch fließendes kaltes Wasser über die Füße laufen lassen, um deren Durchblutung zu fördern – ebenfalls ein altes Hausmittel nach dem Motto: „Die Füß halt warm, den Kopf halt kalt, dann wirst du hundert Jahre alt." Aber gut abfrottieren und dann schnell ins warme Bett – denn kalte Füße sind schlimme Einschlafstörer, gegen die zur Not dicke Wollsocken helfen.

Wir gehen jetzt schlafen. Jetzt aber sollst du in den Schlaf noch ein Ohr voll Musik mitnehmen. Der Blick in den Sternenhimmel und ein Ohr voll Musik vor dem Zubettgehen, das ist besser als alle deine Schlafmittel.

Hermann Hesse, Das Glasperlenspiel

ERST MAL ENTSPANNEN UND DANN ...

Ob Sie nun vor dem Zubettgehen Musik hören, mit Ihrem Partner gedanklich den Tag Revue passieren lassen, ein Buch lesen oder am offenen Fenster frische Luft schnappen – immer die gleichen Zeremonien helfen langsam abzuschalten und zu entspannen.
Ein abendlicher Spaziergang tut in jedem Fall wohl: Er bringt Sie „runter" von den Aufregungen, Anstrengungen und vielleicht auch Frustrationen des Tages, lässt Sie noch einige neue Eindrücke aufnehmen (zum Beispiel den Wechsel der Jahreszeiten, der an uns Zivilisationsmenschen heute oft schon völlig unbemerkt vorbeigeht); er versorgt Ihre Lungen und Ihr Hirn mit Sauerstoff, und Sie massieren dabei ganz unbewusst Ihre Fußreflexzonen und entspannen dabei den ganzen Körper.
Zu viel Sport am Abend ist nicht zu empfehlen; er aktiviert zu nachhaltig und verzögert den Entspannungsprozess.
Dem Einschlafen wenig förderlich ist es, abends noch Akten durchzuarbeiten, wichtige Telefonate zu

führen, zu lernen oder die Steuererklärung vorzubereiten. Tagebuchschreiben hingegen entspannt, weil Sie dabei die Sorgen des Tages quasi deponieren. Auch aufregende oder beängstigende Fernseh- und Kinofilme tragen bei vielen Menschen nicht gerade zur abendlichen Entspannung bei.
Gehen Sie möglichst immer zur gleichen Zeit schlafen und bereiten Sie sich bewusst auf die Nacht vor. Schon die sich täglich oder vielmehr nächtlich wiederholenden Handlungsabläufe, wie in allen Zimmern das Licht löschen, ins Bad gehen und sich waschen, ein Glas Wasser und den Wecker bereit stellen, lassen sich bewusst einsetzen.
Ein Schmusekissen unter dem Kopf und der gute, alte Teddybär an der Seite wärmen, trösten und entspannen auch Erwachsene.
Unglücklicherweise ist nachts, wenn alles dunkel und still ist und man nicht schlafen kann, die beste Zeit zum Grübeln. Versuchen Sie Ihre Gedanken nicht unter Kontrolle zu bekommen oder zu sortieren. Lassen Sie sie kommen und vorbeiziehen, ohne sich an ihnen festzuhaken. Zum Problemewälzen ist kurz vor dem Einschlafenwollen nicht der richtige Zeitpunkt. Ein gutes Mittel zur Ablenkung von den Tagesgedanken ist die Konzentration auf den eigenen Körper. Spüren Sie in sich hinein und nehmen Sie ganz bewusst wahr, wie Ihr Atem fließt, wie Ihr Herz schlägt, wie der Leib und die Gliedmaßen auf der Matratze aufliegen ...

Sobald andere Gedanken auftauchen, gehen Sie auf die bewusste Körperwahrnehmung zurück.
Wenn Sie partout nicht abschalten können, versuchen Sie die positiven Ereignisse und Erlebnisse des Tages Revue passieren zu lassen: schöne Begegnungen, erfüllte Pflichten, ein gelungenes Essen, verbuchte Erfolge ...
Falls negative Erinnerungen sich einmischen – fragen Sie sich, wozu es vielleicht doch gut war, was Sie daraus gelernt haben. Freuen Sie sich auf etwas Schönes, denken Sie sich etwas aus, wie Sie einen lieben Menschen erfreuen können.
Oder gehen Sie mit der Seele spazieren und versetzen Sie sich z.B. wieder an Ihren liebsten Urlaubsort oder an eine andere Stelle, wo Sie sich immer besonders wohl gefühlt haben. Denn das, an was wir denken, beeinflusst unser Befinden und unsere Haltung.
Sie können natürlich auch „Schäfchen zählen" – aber da gibt es doch wirksamere Methoden zum Entspannen.

Entspannung geht auch durch die Nase. Neueste Untersuchungen in Japan haben gezeigt, welche Reaktionen das Gehirn auf verschiedene Essenzen zeigt: Eukalyptus z.B. stimuliert, Grapefruit vertreibt Müdigkeit, Jasmin löst Verkrampfungen, Patschuli, Sandelholz und Koriander entspannen und Zitrone verbreitet gute Laune. Das Schnuppern dieser Essenzen hilft uns die Balance von Körper und Seele in Einklang zu bringen. Unser Geruchssinn leitet Düfte essenzieller Öle doppelt so schnell ans Gehirn weiter wie z.B. Schmerzsignale. Er warnt vor Gefahren, weckt Erinnerungen und Gefühle und sorgt für unser Wohlbefinden.
Duftöle können tropfenweise in spezielle Duftlampen oder auch in ein einfaches Schälchen mit Wasser auf die Heizung gegeben werden. Das Wasser verdampft und die Öle verbreiten einen angenehmen Geruch im Schlafzimmer. Eine Massage mit wohltuenden ätherischen Ölen wirkt wahre Wunder. Allein die Berührung – vorzugsweise natürlich durch den Partner – entspannt, tröstet und beruhigt.

Beim *Yoga* haben besonders die Atemübungen einen entspannenden Einfluss auf das vegetative Nervensystem. Atmung, Puls und Blutdruck werden langsamer. Konzentrieren Sie sich ganz bewusst auf das Atmen.
Das Yoga-System kennt vier Atemübungen, die zur Entspannung des ganzen Körpers führen.

1. *Gähnen*
Tun Sie so, als ob Sie herzhaft gähnen müssten. So werden Verspannungen im Gesicht und im Halsbereich gelöst. Gähnen ist ansteckend. Allein wenn wir uns nur vorstellen, wie jemand gähnt, oder wir sind live dabei oder sehen es im Fernsehen, wird bei uns der Gähn-Reflex ausgelöst.

2. *Hecheln*
Erst wird durch den Mund mit kurzen Unterbrechungen, also hechelnd (schauen Sie es sich bei Ihrem oder des Nachbarn Hund ab) eingeatmet, dann in langsamen, gleichmäßigen Zügen wieder ausgeatmet. Hecheln lockert das Zwerchfell und den gesamten Bauchraum.

3. *Riechen*
Atmen Sie ruhig ein und langsam aus. Schnuppern Sie dabei ganz bewusst. Seelische Verspannungen lösen sich und die Schlafbereitschaft wird wirksam gefördert.

4. *Grüßen*
Legen Sie die Handflächen vor Ihrer Brust aneinander. Die Fingerspitzen zeigen nach oben (die ostasiatischen Völker sind dafür bestes Vorbild). Atmen Sie dreimal ruhig ein und aus und fühlen Sie die Handflächen bewusst. Beim nächsten Einatmen die Handflächen fest aneinander drücken und beim Ausatmen die Spannung lösen.

Eine gute Einschlafmethode, die ebenfalls aus fernöstlichen Quellen stammt, ist die *Ohrläppchen-Pressur*. Wenn Sie Ihr Ohrläppchen zwischen Daumen und Zeigefinger fassen und sanften, aber festen Druck ausüben, spüren sie in der Mitte eine empfindlichere Stelle, das ist der „Schlafpunkt". Mindestens drei Minuten lang fest gedrückt halten (einseitig oder beidseitig, wie Sie mögen, probieren Sie es aus) – dann spüren Sie eine angenehme Müdigkeit in sich aufsteigen.

Auch Übungen des *autogenen Trainings* lassen sich im Bett vor dem Einschlafen wunderbar anwenden. Wandern Sie gedanklich durch ihren Körper und stellen Sie sich Wärme, Kühle und Schwere im Körper vor. Dadurch werden Entspannung und eine tiefe Ruhe erreicht. Denken Sie sich ganz einfache Formeln aus, wie z.B. „Ich bin ganz ruhig", „Mein Atem geht ganz regelmäßig", „Mein rechtes Bein wird ganz schwer" oder „Mein linker Arm wird ganz warm", „Meine Stirn ist angenehm kühl". Der Körper reagiert. Die Atmung beruhigt sich, der Pulsschlag wird langsamer und die Muskeln fühlen sich warm und schwer an.

Viele Menschen schätzen dabei die Unterstützung durch Entspannungsmusik, die auf allen Arten von Tonträgern im Fachhandel erhältlich ist. Gedämpfte, beruhigende Klänge, die oft an Naturgeräusche wie Wind und Wellen, Vogelgezwitscher oder Naturinstrumente erinnern, können die Entspannung fördern.

Abend

Rainer Maria Rilke

Der Abend wechselt langsam die Gewänder,
die ihm ein Rand von alten Bäumen hält;
du schaust: und von dir scheiden sich die Länder,
ein himmelfahrendes und eins, das fällt;

und lassen dich, zu keinem ganz gehörend,
nicht ganz so dunkel wie das Haus, das schweigt,
nicht ganz so sicher Ewiges beschwörend
wie das, was Stern wird jede Nacht und steigt –

und lassen dir (unsäglich zu entwirrn)
dein Leben bang und riesenhaft und reifend,
so dass es, bald begrenzt und bald begreifend,
abwechselnd Stein in dir wird und Gestirn.

SPRICHWÖRTER UND REDENSARTEN RUND UMS SCHLAFEN UND TRÄUMEN

Die Menge an Sprichwörtern und Redensarten in einer Sprache verrät viel darüber, wie wichtig einem Kulturkreis das entsprechende Thema ist. Die Fülle der Zitate rund ums Schlafen und Träumen zeigt die uralte Beschäftigung der Menschen mit dem Phänomen der nächtlichen Entspannung von den Sorgen des Alltags.

Sprichwörter

Es können sich der Schlaf und Sorge nicht vertragen,
Die Sorge muss den Schlaf, der Schlaf die Sorge jagen.

H.A. Freiherr von Abschatz, Sprüchwörter, 1704

Der kann sanft schlafen, der keine Sorge hat.

Ein gutes Gewissen ist das beste Ruhekissen.

Was wir am Tage vorgenommen,
pflegt uns im Schlafe vorzukommen.

Den Seinen gibt's der Herr im Schlaf.

Nach Psalm 127,2

Wer mit den Hühnern will früh aufstehn,
muss mit den Hühnern auch schlafen gehen.

Früh schlafen gehen und früh aufstehen
schließt vielen Krankheiten die Türe zu.

Wer schläft, sündigt nicht.

Wer schläft, fängt keine Fische.
Aus der Seemannssprache

Wie man sich bettet, so liegt man.

Es schlafen nicht alle,
die die Augen geschlossen halten.

Träume sind Schäume.

Wer auf Träume hält, will den Wind haschen.
Jesus Sirach, 34,2

Das Schwein träumt von Eicheln.
Italienisches Sprichwort

Wenn man schlafen geht,
soll man die Sorgen in die Schuhe stecken.
Schwedisches Sprichwort

Die Weisheit des Lebens besteht im Ausschalten
der unwesentlichen Dinge.
Chinesisches Sprichwort

Redensarten

„Schlafläuse haben"
müde sein; vom Jucken der Kopfhaut
bei Müdigkeit hergeleitet

*„schlafen wie ein Murmeltier, Bär,
Dachs, Ratz (= Siebenschläfer oder Iltis) /
auf beiden Ohren / wie ein Toter"*
tief und fest schlafen

„den Schlaf des Gerechten schlafen"
ruhig und sorgenfrei schlafen

„schlafen wie ein Hase, Hasenschlaf"
leicht und unruhig schlafen

„eine Schlafmütze sein"
schläfrig und inaktiv sein;
die Bezeichnung der zum Schlafen üblichen
Kopfbedeckung (vor dem Zeitalter der
Zentralheizung!) wurde auf ihren Träger gemünzt

„bis in die Puppen schlafen"
immerfort, bis weit in den Tag hinein schlafen.
Die Herkunft der Redensart ist umstritten.
Am einleuchtendsten ist die Deutung, dass
der Schläfer alle Erntephasen vom Mähen des
Korns über das Binden der Garben bis hin zum
Aufstellen der „Puppen" zum Trocknen
des Getreides verschlafen hat.

„ein Loch in den Tag hinein schlafen"
den ganzen Tag über schlafen

„über etwas schlafen / etwas überschlafen wollen"
sich etwas noch einmal in Ruhe
bis zum nächsten Tag überlegen wollen

„das fällt mir nicht im Schlaf / im Traum ein"
daran ist gar nicht zu denken, das mache ich nicht

„der Traum meiner schlaflosen Nächte"
mein größter Wunsch, die am meisten ersehnte
Person oder Sache

„das ist ein ausgeträumter Traum"
eine zerstörte Hoffnung

„entschlafen, den ewigen Schlaf schlafen"
verhüllende Ausdrücke für sterben und tot sein

MEIN TRAUM-TAGEBUCH

Mein Traum-Tagebuch

Mein Traum-Tagebuch

Mein Traum-Tagebuch

QUELLEN

Wir danken den folgenden AutorInnen und Verlagen
für die freundliche Abdruckgenehmigung:
Elisabeth Borchers, Es war in einer schönen Nacht, aus:
Das Bilderbuch in Versen
© Insel-Verlag, Frankfurt a.M. 1975
Mario Göpfert, Der Traumbriefträger
© beim Autor
Judith Halverscheid, Warum kann ich manchmal nicht einschlafen?
© bei der Autorin
Erich Kästner, Lob des Einschlafens, aus:
Ders., Doktor Erich Kästners Lyrische Hausapotheke
© Atrium Verlag, Zürich und Thomas Kästner
Sibylle Mews, Sturm und Abendwind,
© bei der Autorin
Joachim Ringelnatz, Über meinen gestrigen Traum, aus:
Ders., Das Gesamtwerk in sieben Bänden
© by Diogenes Verlag AG, Zürich 1994
Gina Ruck-Pauquèt: Der Mann
© bei der Autorin
Jürgen Spohn, Tag – Nacht
© Barbara Spohn
Hans Stempel & Martin Ripkens, Mit einem Fuß in der Tür
© bei den Autoren

WEITERE LITERATUR

Andreas Baumgarten, Träume und was sie bedeuten
© Bassermann'sche Verlagsbuchhandlung,
Niedernhausen/Ts. 1992/1993
Heidemarie Löw, Zwölf Schritte zum gesunden Schlaf, Ihr persönliches
Trainingsprogramm für Entspannung und Ausgeglichenheit
© Midena Verlag, Küttingen/Aarau 1996
Prof. Dr. med. Boris Luban-Plozza/Dr. med. Hans H. Dickhaut,
Schlaf dich gesund, Anleitung für das Autogene Training und für das
Psychosomatische Training
© Georg Thieme Verlag, Stuttgart 1990
Klausbernd Vollmar/Johannes Fiebig,
Traum und Traumdeutung erleben und verstehen
© Königsfurt Verlag, Klein Königsförde/Krummwisch 1999